AF554700

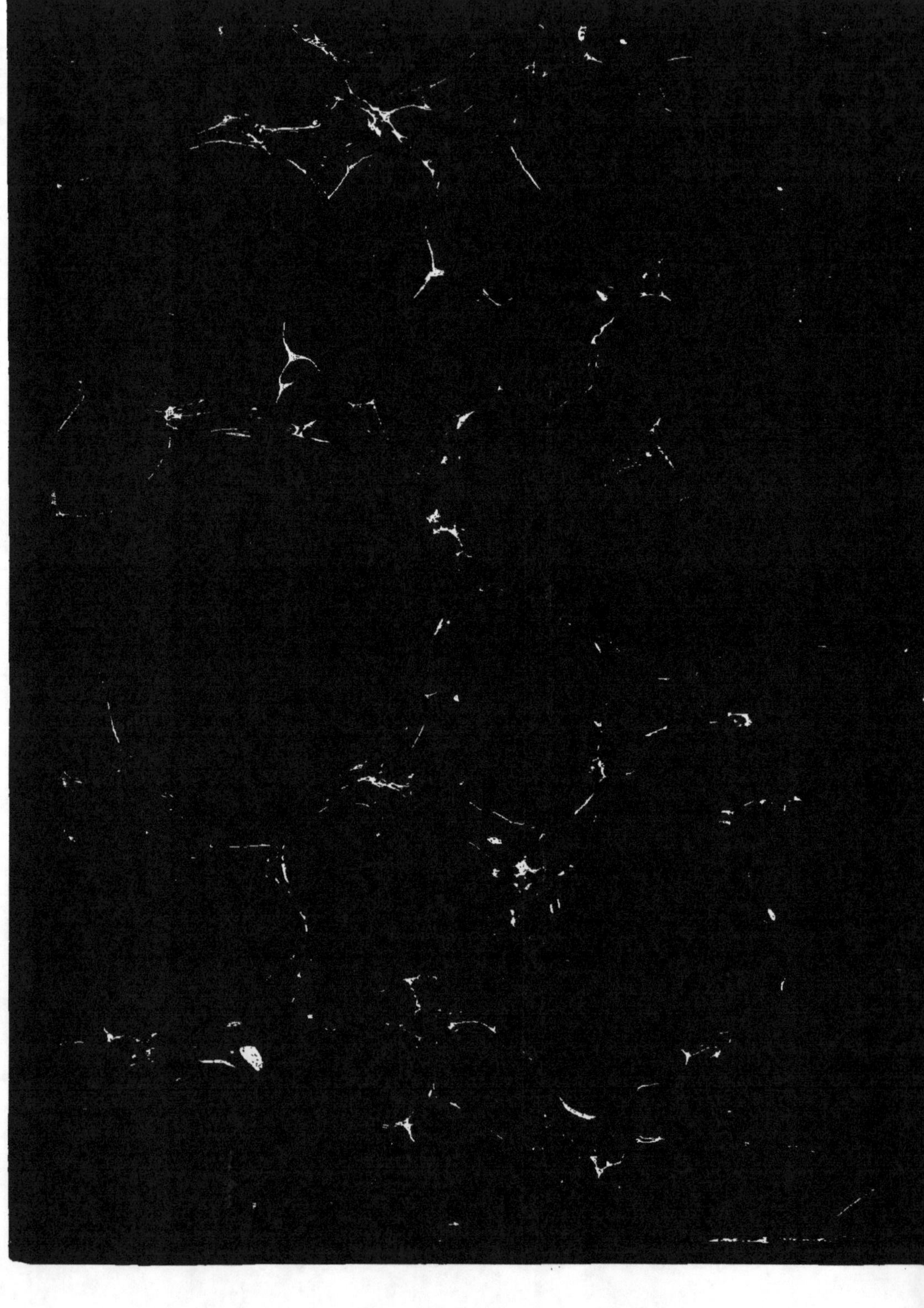

Lk 14/147

ABREGE' DU CAYER DES DELIBERATIONS DE L'ASSEMBLÉE GENERALE DES COMMUNAUTEZ DU PAYS DE PROVENCE,

Convoquée à Lambesc au quinziéme Novemb. 1733. pour commencer le lendemain seiziéme, par autorité & permission de Monseigneur LEBRET, Chevalier, Comte de Selles, Seigneur de Pantin, Conseiller du Roy en ses Conseils d'Etat & Privé, Premier President du Parlement d'Aix, Intendant de Justice, Police & Finances en Provence, & Commandant pour Sa Majesté audit Pays; Et assignée par le Mandement de Messieurs le Marquis de Graveson, Pazery Thorame, de Thomassin la Garde, & Isnardy, Procureurs du Pays.

A AIX,

Chez JOSEPH DAVID, Imprimeur-Libraire ordinaire du Roy, du Pays & de la Ville, au Roy David.

M DCC. XXXIII.

BIBLIOTHÈQUE ROYALE

ABREGE' DU CAYER DES DÉLIBERATIONS DE L'ASSEMBLE'E GENERALE DES COMMUNAUTEZ DU PAYS DE PROVENCE.

Convoquée à Lambesc au quinziéme Novemb. 1733. pour commencer le lendemain seiziéme, par autorité & permission de Monseigneur Lebret, *Chevalier, Comte de Selles, Seigneur de Pantin, Conseiller du Roy en ses Conseils d'Etat & Privé, Premier President du Parlement d'Aix, Intendant de Justice, Police & Finances en Provence, & Commandant pour Sa Majesté audit Pays : Et assignée par le Mandement de Messieurs le Marquis de Graveson, Pazery Thorame, de Thomassin la Garde, & Isnardy, Procureurs du Pays.*

Dudit jour 16. Novembre, du matin.

MONSEIGNEUR LEBRET, Chevalier, Comte de Selles, Seigneur de Pantin, Conseiller du Roy en ses Conseils d'Etat & Privé, Premier President du Parlement d'Aix, Intendant de Justice, Police & Finances en Provence, & Commandant en chef audit Pays, a dit, &c.

LE SEIGNEUR ARCHEVEQUE D'AIX, Conseiller du Roy en tous ses Conseils, President aux Etats, Premier Procureur du Pays Né, a dit, &c.

Mr PAZERY Seigneur de Thorame, Assesseur d'Aix, Procureur du Pays, a dit, &c.

Legitimation des Pouvoirs.

Ledit Sr Assesseur a dit, qu'il est de l'ordre de pareilles Assemblées de sçavoir si tous les Srs. Deputez sont arrivez, & s'ils ont remis au Greffe des Etats leurs pouvoirs en bonne forme.

Me Moricaud Greffier des Etats a dit, que tous les Sieurs Deputez des Communautez sont arrivez, & ont remis leurs Pouvoirs en bonne forme.

Lecture des Reglemens.

Ledit Sr Assesseur a dit, qu'il y a des Reglemens qu'on est obligé de lire avant que de faire aucune proposition.

Lecture faite desdits Reglemens pour la Messe chaque jour au nom du St Esprit, pour le serment de tenir les Propositions secrettes jusques à ce que la Deliberation en soit prise, de ne pas reveler le détail des opinions ; que les ſieurs Deputez ſe trouveront aux Séances aux heures aſſignées ; de l'Arrêt du Conſeil du dernier Mars 1635. contenant deffenſes de faire aucuns dons ni gratifications, & du Reglement portant que dans les huit premiers jours de la tenuë de l'Aſſemblée les Sieurs Deputez remettront leurs Requêtes & demandes pour les réparations des Ponts & chemins, à peine d'en être dechûs. Tous les Aſſiſtans ont prêté le Serment accoûtumé.

Dudit jour Seiziéme Novembre de relevée.

Remiſſion des ordres du Roy, pour le Don gratuit.

LE Seigneur Premier Preſident & Intendant a remis deux Lettres de cachet, dattées de Verſailles du 18. Septembre dernier, l'une adreſſée à Meſſieurs les Députez de l'Aſſemblée, & l'autre à Meſſieurs les Procureurs du Pays, leur faiſant ſçavoir que Sa Majeſté lui a adreſſé, en abſence de M. le Marêchal de Villars, Duc & Pair de France, Chevalier des Ordres du Roy & de la Toiſon d'Or, Gouverneur & Lieutenant General en Provence, les Expeditions neceſſaires pour la convocation & tenuë de la preſente Aſſemblée generale des Communautez, pour y être pourvû aux affaires les plus preſſées, & principalement à la ſomme que Sa Majeſté deſire être levée ſur le Pays l'année prochaine, pour ſubvenir & ſatisfaire aux dépenſes auſquelles Sa Majeſté a été obligée pendant la preſente. Ledit Seigneur Premier Preſident & Intendant a auſſi remis des Lettres Patentes datées de Fontainebleau, du 5. Octobre auſſi dernier, à lui adreſſées afin que par ladite Aſſemblée il ſoit pourvû à l'impoſition de la ſomme de ſept cent mille livres ſur tous les contribuables dudit Pays, à l'exception des villes de Marſeille, Arles & terres Adjacentes, cottiſées ſeparément par des Lettres particulieres. Sa Majeſté demande cette ſomme avec d'autant plus de confiance, qu'elle eſt perſuadée d'un côté du zele que les habitans dudit Pays ont pour ſon ſervice, & qu'ils ſe porteront avec empreſſement à l'accorder ; & d'ailleurs Sa Majeſté aura la bonté de continuer audit Pays la même remiſe d'une partie du Don gratuit, comme il a été pratiqué les années dernieres & celle-ci, ainſi qu'il conſte par les Arrêts du Conſeil qui ont été ſur ce expediez : Il paroît par les mêmes Lettres Patentes que ladite ſomme de ſept cent mille liv. eſt deſtinée aux armemens de mer, & payable aux termes & en la maniere qui a été ci-devant pratiquée, & les deniers en provenans portez par ceux qui en feront la recette, ez mains du Treſorier des Galeres, ſur les Quittances du Treſor Royal.

Après la lecture qui a été faite des susd. Lettres de cachet & de la susdite Commission, led. Sieur Assesseur a dit, &c.

Sur quoi, l'Assemblée, sans faire attention à l'épuisement des forces du Pays, causé par tant de surcharges qui lui sont imposées, par le défaut de recolte de toutes sortes de grains & denrées, depuis plusieurs années, ne voulant suivre en cette occasion que le mouvement de son zele pour le service du Roy, & continuer de donner a Sa Majesté des preuves de sa prompte obéissance & de sa parfaite soumission à ses volontez, a unanimement deliberé d'accorder les sept cent mille livres, qui lui sont demandées de la part de Sa Majesté, pour le Don gratuit de l'année prochaine 1734. payable ladite somme en la forme & maniere accoûtumée, sur les quittances du Tresor Royal, bien & dûëment contrôlées, sur lesquelles Messieurs les Procureurs du Pays expedieront leurs Mandemens aux formes ordinaires; & sur les derniers payemens qui se feront desdites sept cent mille livres, il sera deduit & compensé la subsistance des Troupes d'Infanterie & Cavalerie, qui pourroit avoir été fournie par les Communautez, soit en quartier fixe, ou quartier d'assemblée : & afin que Sa Majesté soit bientôt informée de la prompte obéissance de l'Assemblée pour l'execution de ses ordres, il a été deliberé *Deliberation.*

de ſuplier ledit Seigneur Premier Preſident & Intendant, de la faire valoir par ſes dépêches, qui ſeront portées avec celles de Meſſieurs les Procureurs du Pays, par un Courrier exprés, auquel il ſera payé par le Pays la ſomme de mille livres, tant pour ſes peines & ſoins, que pour les frais de ſa courſe, en allant & revenant.

Interêts des heritages occupez par le nouvel Arcenal des Galeres à Marſeille, les fortifications de Toulon, Antibes, Colmars & Seyne.

Le Seigneur Premier Preſident & Intendant a dit, que par les inſtructions qui lui ont été adreſſées de la part du Roy, il eſt obligé de faire mettre fonds pour le payement des interêts de la ſomme de vingt-deux mille deux cent cinquante-deux livres huit ſols ſix deniers, à quoi monte le dedommagement des heritages pris pour la conſtruction du nouvel Arcenal des Galeres à Marſeille.

Pour ceux de la ſomme de dix-neuf mille deux cent cinquante-deux livres deux ſols ſix deniers, dûë aux Proprietaires des heritages compris dans les Fortifications d'Antibes, juſqu'en l'année 1697.

Pour ceux de quatre mille huit cent quatre-vingt-quatre livres pour d'autres heritages pris en 1707. pour les Fortifications de la même Ville & de ſon Fort.

Pour ceux de quinze cent vingt-cinq livres ſix ſols huit deniers, auſſi dûës pour d'autres heritages

ritages pris pour les Fortifications de ladite Ville d'Atibes, juſqu'en 1704.

Pour ceux de trois mille neuf cent ſoixante-dix-huit livres, dûës pour les heritages occupez pour la nouvelle Boulangerie de Toulon.

Pour ceux de ce qui reſte à payer de la ſomme de cinquante-ſix mille deux cent quatre-vingt-deux livres deux ſols, qui étoit dûë aux Proprietaires des heritages compris dans le Camp retranché ſous Toulon.

Pour ceux de ce qui reſte à payer des quarante-cinq mille livres, portées par la Tranſaction paſſée entre Meſſieurs les Procureurs du Pays, & les Proprietaires des heritages compris dans les Fortifications du nouveau projet de Toulon.

Pour ceux de dix-huit mille trois cent vingt livres dix-ſept ſols, dûës aux Proprietaires des heritages compris dans les Fortifications de Seyne.

Et pour ceux de dix-ſept mille cent trente-huit livres ſix ſols quatre deniers pour les heritages compris dans les Fortifications de Colmars.

Pour les interêts encore de la ſomme de trois mille deux cent deux livres, à laquelle ont été eſtimées huit Baſtides aux environs d'Antibes, dont le Roy avoit ordonné la demolition en 1713.

Pour ceux de trois cent quatre-vingt-une livres quinze ſols, dûës aux Demoiſelles Leon d'Antibes, pour le dommage cauſé à un terrein à elles apartenant, par les vagues de la Mer, provenant du mole que ſa Majeſté a fait faire, pour couvrir le Port, & en rétrecir l'entrée.

Pour ceux de dix-huit cent trente-ſix livres dix-huit ſols ſix deniers, à quoi ont été reduites par le Procès verbal du Sieur Decolla ancien Aſſeſſeur, les deux mille deux cent quatre-vingt-ſeize liv. dûës au Sr Philibert, pour deux maiſons qui lui ont été priſes pour les Fortifications d'Antibes; l'intention du Roy étant que l'Aſſemblée faſſe les fonds deſdits interêts, pour être payez audit Proprietaire, & qu'il en ſoit uſé de même à l'égard de toutes les autres ſommes cy-deſſus mentionnées.

Solde de la Milice, & Subſiſtance particuliere des Compagnies de Cadets, pendant l'année 1734.

Il eſt auſſi porté par les mêmes inſtructions que le Roy ayant par le Brevet arrêté en ſon Conſeil le 9. Juin dernier, reglé les fonds des dépenſes, qui doivent être faites pendant l'année prochaine 1734. tant pour la ſubſiſtance des Soldats de Milice, les frais de leur Aſſemblée, & autres dépenſes qui les concernent, que pour la ſubſiſtance des Compagnies de Cadets ; l'intention de Sa Majesté est que l'Assemblée fasse l'imposition de la somme de vingt mille quarante-une livres deux sols, que le Département de Provence doit suporter desdites depenses, suivant l'Arrêt du Conseil dud. mois de Juin, expedié en conséquence dudit Brevet ; sçavoir, de celle de dix-huit mille six cent vingt-une livres quatre sols huit deniers pour la solde, subsistance, frais d'Assemblée, & autres dépenses d'un Bataillon de Milice, qui a été levé dans ledit Departement, & pour la subsistance particuliere des Compagnies de Cadets, de celle de quatre cent soixante-cinq livres dix sols sept deniers, pour les six den. pour livre, ordonnez être levez par l'Article XXIII. de l'Ordonnance du 25. Fevrier 1726. & de celle de neuf cent cinquante-quatre livres six sols neuf deniers pour les frais de recouvrement à raison d'un sol pour livre desdites sommes, lequel sera retenu & distribué entre les Collecteurs & autres preposez particuliers & generaux, ainsi & de la maniere usitée audit Pays ; laquelle somme de vingt mille quarante-une livres deux sols sera payé par les Contribuables aux Tailles, aux Collecteurs qui en remettront le montant dans les mêmes termes que ceux des Tailles, ès mains des Receveurs particuliers des Villes dudit Département, lesquels en feront le payement ès mains du Tresorier-Receveur General des Finances audit Pays, pour être ladite somme par lui remiſe, déduction préalablement faite des frais de recouvrement cy-deſſus au Treſor Royal, & employée ſuivant les ordres de Sa Majeſté.

Habillement de la Milice.

Les mêmes inſtructions portent que ſa Majeſté ayant auſſi ordonné par Arrêt de ſon Conſeil du 21. Juillet dernier, que dans les Provinces & Generalitez, qui ont contribué juſques à preſent à l'habillement, ſolde & entretien des Milices, il fut impoſé en la même forme & maniere qu'il a été cy-devant pratiqué pendant trois années conſecutives, à commencer en la prochaine 1734. une ſomme de deux millions ſept cent mille l. à raiſon de neuf cent mille liv. pour chacune de ces années, pour l'habillement des Soldats de Milice, enſemble les ſix deniers pour livre de ladite ſomme, dont deux deniers pour les taxations du Treſorier General de l'extraordinaire des Guerres, & quatre deniers pour les Invalides, & qu'outre leſd. deux ſommes il ſeroit encore impoſé le fonds neceſſaire pour les frais de recouvrement des Collecteurs Receveurs particuliers, Receveurs & Treſoriers Generaux deſdites Provinces & Generalitez, ainſi qu'il ſeroit reglé par des Arrêts particuliers, qui ſeroient expediez pour chacune deſdites Generalitez & Provinces; l'intention de Sa Majeſté eſt que l'Aſſemblée faſſe l'impoſition de la ſomme de neuf mille ſix cent quatre-vingt-ſix livres cinq ſols, que le

Departement de Provence doit ſuporter pour l'année 1734. dans la repartition de ladite ſomme de deux millions ſept cent mille livres, ſuivant l'Arrêt du Conſeil du 28. Juillet dernier, expedié en conſequence du precedent du 21. du même mois; ſçavoir, de celle de neuf mille livres pour le premier tiers de la dépenſe à faire pour l'habillement des Soldats de Milice, de celle de deux cent vingt-cinq livres pour les ſix deniers pour livre, ordonnez être levez par l'Article XXIII. de l'Ordonnance du 25. Fevrier 1726. & de celle de quatre cent ſoixante-une livres cinq ſols, pour les frais de recouvrement, à raiſon d'un ſol pour livre deſdites deux ſommes, lequel ſera retenu & diſtribué entre les Collecteurs & prépoſez particuliers & generaux, ainſi & de la maniere uſitée audit Département de Provence, laquelle ſomme de neuf mille ſix cent quatre-vingt ſix livres cinq ſols ſera payée par les Contribuables aux Tailles dudit Département, aux Collecteurs qui en remettront le montant dans les mêmes termes que ceux des Tailles, ès mains des Receveurs particuliers des Villes dudit Département, leſquels en feront le payement ès mains du Treſorier-Receveur General des Finances dudit Pays, qui la remettra au Treſor Royal, pour être employée ſuivant les ordres de Sa Majeſté.

Sa Majeſté veut auſſi que conformément aux

dernieres Instructions il soit incessamment travaillé au retablissement des Chemins, en sorte qu'ils soient en bon état.

Dettes du Pays. Commerce & Manufactures.

Et finalement, que l'Assemblée donne une attention particuliere à l'acquittement des dettes du Pays, & à tout ce qui peut concerner le bien du Commerce & l'avantage des Manufactures.

Deliberation.

Sur quoi l'Assemblée a deliberé, qu'il sera mis fonds cy-après pour les interêts de ce qui reste dû des sommes principales, dont mention est faite cy-dessus à raison de trois pour cent, concernant les heritages pris pour la construction du nouvel Arcenal des Galeres à Marseille, ceux des Fortifications de Seyne & de Colmars, la nouvelle Boulangerie de Toulon, ceux compris dans le Camp retranché de Ste Anne sous Toulon, des Fortifications d'Antibes & de son Fort, des années 1697. 1701. & 1704. pour les interêts de ce qui reste dû de la somme de trois mille deux cent deux livres, à quoi a été fixé le prix de huit Bastides aux environs d'Antibes, dont le Roy avoit ordonné la demolition en 1713. & de celle de dix-huit cent trente-six livres dix-huit sols six deniers, dûë au Sieur Philibert, les Demoiselles Leon d'Antibes ayant été payées de la somme principale de trois cens quatre-vingt-une livres quinze sols à elles dûë : laquelle imposition ne sera faite que pour deux tiers des interêts desdites ſommes, qui doivent être payées par le Pays, les Villes de Marſeille, Arles & Terres adjacentes, étant obligées de contribuer pour l'autre tiers.

Comme auſſi l'Aſſemblée a deliberé, qu'il ſera impoſé la ſomme de quatorze mille trois cent quatorze livres quinze ſols trois deniers, pour ce qui compete au Pays de celle de dix-neuf mille quatre-vingt-ſix livres quinze ſols trois deniers, à laquelle montent la ſubſiſtance, frais d'Aſſemblée, & autres depenſes du Bataillon de Milice, & la ſubſiſtance particuliere des Compagnies de Cadets pendant l'année prochaine 1734. & les ſix deniers pour livre, & celle de ſix mille neuf cent dix-huit livres, pour ce qui compete auſſi au Pays de celle de neuf mille deux cent vingt-cinq livres, pour le premier tiers de la depenſe à faire pour l'habillement des Soldats de Milice pour lad. année 1734. compris auſſi les ſix deniers pour livre, leſquelles deux ſommes ſeront payées ſur les Quittances du Treſor Royal, & le Mandement de Meſſieurs les Procureurs du Pays; & cependant il ſera fait de très-humbles remontrances à Sa Majeſté, pour la ſupplier de décharger le Pays de cette dépenſe; & quant aux deux derniers articles concernant la reparation des Chemins, & l'acquittement des dettes du Pays : l'Aſſemblée a reſervé d'en parler dans une autre Séance, ſur la connoiſſance qui lui en ſera donnée.

Article dans le Cayer des Remontrances.

Du 17 dud. mois de Novembre du matin.

Relation des principales affaires.

MR Pazery, Seigneur de Thorame, Assesseur d'Aix, Procureur du Pays, a dit que Mrs ses Collegues & lui, ayant eu l'honneur d'administrer encore les affaires du Pays pendant l'année presente, il étoit de leur devoir d'en rendre compte à l'Assemblée, tant pour en obtenir la ratification, que pour servir d'éclaircissement aux propositions qu'il a à faire ; à quoi il a satisfait de la maniere suivante.

Affoüagement.

Plaintes des Communautez recourantes, ou opposantes, renvoyées à un Bureau de Commissaires, par la precedente Assemblée.

Lors de la derniere Assemblée generale, il eut l'honneur d'y faire le recit de differentes plaintes, que diverses Communautez du Pays avoient porté contre le nouvel affoüagement, des memoires qu'elles avoient remis pour les soûtenir, & des deliberations qui avoient été prises à ce sujet : Sur lequel détail, l'Assemblée prit une Deliberation, par laquelle elle renvoya la connoissance de ces plaintes à un Bureau de Commissaires, où présideroit le Seigneur Archevêque d'Aix, donnant pouvoir à ce Bureau de pourvoir sur la diminution ou augmentation du Foüage des Communautez comprises dans le Procès verbal, s'il y échoit ; comme aussi d'envoyer des Commissaires sur les lieux, pour éclaircir les faits, qui pourroient être contestez, & qu'aprés y avoir statué, Sa Majesté seroit supliée de confirmer par

par un Arrêt du Conseil ou Lettres Patentes, l'Affoüagement en l'état qu'il auroit été fixé, & par lesquelles il seroit imposé silence à toutes les Communautez.

Contestation entre les Consuls de Forcalquier & Sisteron en exercice, & ceux qui les avoient precedé pour la Séance en ce Bureau.

En conséquence de cette Deliberation, ce Bureau fut convoqué au 19. Janvier. On commença par y decider une contestation, qui fut élevée par les Consuls des Villes de Forcalquier & de Sisteron, en exercice pendant l'année 1733. contre ceux qui avoient été en exercice pendant l'année precedente, chacun d'eux prétendant avoir le droit d'être de ce Bureau; & après avoir été decidé que les Consuls en exercice devoient seuls y être admis comme Procureurs joints pour le tiers Estat, suivant le tour de Rolle de cette année, sur le raport qu'il eut l'honneur de faire dans le Bureau de ce qui étoit contenu dans les Memoires presentés par les Communautez, de ce qui resultoit des pieces sur lesquelles elles apuyoient leurs plaintes, & des Procés verbaux dressez non seulement par les Commissaires qui avoient été sur les Lieux lors de l'Affoüagement, mais encore de ceux qui ont été dressez par des nouveaux Commissaires deputez sur les Lieux, pour la verification de quelqu'unes de ces plaintes, il fut deliberé que le Foüage porté par le Procés verbal du Bureau de direction du 22. Janvier 1731. seroit executé selon sa forme & teneur, à l'excep-

Le Procès verbal d'affoüagement du Bureau de Direction de

BIBLIOTHEQUE ROYALE 1

Janvier 1731. executé, à l'exception du foüage de sept Communautez, qui se trouve réduit.

tion du Foüage de la Communauté de Berre, qui avoit été fixé à treize feux, & qui fut diminué d'un feu; de celui de la Communauté de St Martin de Brasque, fixé à deux feux, qui seroit diminué d'un demi-feu; de celui de la Communauté de Montsallier, fixé à un feu & demi & un tiers, qui seroit réduit à un feu & trois quarts; de celui de la Communauté de Banon, fixé à quatre feux & demi, qui seroit reduit à quatre feux un tiers; de celui de la Communauté du Villars, fixé à quatre feux, & reduit à trois feux & quatre quints; de celui de la Communauté de Graveson, fixé à onze feux, qui seroit reduit à dix feux trois quarts; & celui de la Communauté de Roquevaire, fixé à onze feux, qui seroit reduit à dix feux trois quarts: montant en tout lesdites reductions à la quantité de deux feux un quart & un cinquiéme, lesquelles reductions auroient lieu, à commencer au premier quartier de la presente année.

Lettres patentes portant confirmation de l'Affoüagement.

Sur les très-humbles remontrances qu'ils ont eu l'honneur de faire à Sa Majesté, elle a eu la bonté de faire expedier des Lettres patentes au mois d'Avril dernier, par lesquelles Sa Majesté, de l'avis de son Conseil, sans s'arrêter aux oppositions des cinquante-quatre Communautez y mentionnées, & de toutes celles qui pourroient en avoir formé aux Deliberations des Assemblées au ſujet dud. Affoüagement, qui s'en ſont deſiſtées, ou expreſſement ou tacitement, dont elles ſont également deboutées : confirme, autoriſe & homologue les Procès verbaux d'Affoüagement des 22. Janvier 1731. & 9. Fevrier 1733. & les Deliberations priſes à ce ſujet : Veut en conſequence, que la levée des Deniers du Foüage du ſubſide du Taillon & des Charges & Impoſitions du Pays, ſoient faites à l'avenir ſur ledit nouvel Affoüagement, à commencer du 1. Janvier de la preſente année, nonobſtant leſdites opoſitions, & autres faites & à faire, & recours quelconques, faiſant trés-expreſſes inhibitions & déſenſes à toutes les Communautez & Particuliers du Pays, de reclamer ni recourir contre, ſous les peines y portées. Ces Lettres Pattentes ont été enregiſtrées à la Cour des Comptes, le 12. du preſent mois.

Ners & Pichauris.

Reduction de ſon Foüage.

Monſieur d'Albertas, Premier Preſident en la Cour des Comptes, en qualité de Seigneur Juſticier & Feodataire de Ners & Pichauris, lieu à preſent inhabité, avoit pretendu que ce lieu ne pouvoit point être compris dans l'Affoüagement, parce que les anciens vaſſaux & emphiteotes ayant abandonné les fonds, qui leur avoient été donnez autrefois à nouveau bail, ils demeuroient réunis au fief, & que le Seigneur devoit les poſſeder noblement, à moins que le Pays ne fournît un homme vivant, mourant & confisquant; & ledit Seigneur de Ners & Pichauris avoit à cet effet presenté une Requête pardevant la Cour des Comptes, dans laquelle il avoit pris ces fins.

Comme il lui fut oposé, qu'en acceptant l'abandon ou le deguerpissement de ces fonds, il n'avoit point rempli les formalitez prescrites par l'Arrêt du Conseil du 20. Août 1637. les fonds dont il s'étoit mis en possession, n'avoient jamais été réunis à son Domaine, & étoient par consequent encore roturiers; & qu'ainsi c'étoit avec raison que Ners & Pichauris avoient été compris dans l'Affoüagement, par raport à ces biens, pour un quart de feu. Mr d'Albertas presenta un Memoire à la derniere Assemblée, par lequel il prétendoit prouver, qu'en supposant que les fonds abandonnez fussent encore roturiers, ils n'auroient pû être affoüagez un quart de feu; & qu'ainsi à tout évenement le Foüage de Ners & Pichauris devoit être reduit; Sur quoi l'Assemblée ayant renvoyé la connoissance de ce Memoire à une Assemblée de Mrs les Procureurs du Pays: cette Assemblée a été tenuë le 11. de ce mois, & par la Deliberation qui y a été prise, le Foüage de Ners & Pichauris a été reduit à un huitiéme de feu, à commencer du 24. Janvier 1731. jour de la Requête presentée par M. d'Albertas; & au moyen de cette reduction, il s'est départi des fins de sa Reqête & du Procès.

Divers Particuliers de la Ville de Seyne, dont les fonds avoient été designez pour servir à former le Fossé de cette Place, demanderent à la derniere Assemblée generale, qu'en consequence du Procès verbal, dressé le 15. Septembre 1730. par Mr Grassy, Procureur du Pays, qui avoit fixé l'appreciation de ces fonds à quatre mille cinquante-sept livres dix sols, ils en fussent remboursez les deux tiers par le Pays, & un tiers par les Terres adjacentes; mais comme il eut l'honneur de representer, que suivant le même procès verbal ce Fossé n'avoit point été encore formé mais seulement designé; & qu'ainsi il n'avoit tenu qu'à ces particuliers de continuer de joüir de leurs fonds, elle renvoya à Mrs les Procureurs du Pays, à regler l'indemnité qui pouvoit être dûë aux particuliers de Seyne, pendant le tems que l'Estat Major avoit joüi du terrein designé pour le Fossé: & c'est en consequence de ce pouvoir, que par une Deliberation prise le 14. Mars dernier, cette indemnité a été reglée à la somme de huit cent livres pour les deux tiers, ausquels le Pays est contribuable, & le mandement de cette somme a été expedié au Sieur Chauvet, Procureur de ces particuliers.

Indemnité des Particuliers de Seyne, dont les fonds avoient été designez pour former un Fossé.

Dans la même Assemblée particuliere, tenuë le 14. Mars dernier, on y examina tous les moyens convenables, pour parvenir à un Reglement,

Voitures pour le transport des Equipages des Troupes,

Reglement sur la fourniture & le remboursement.

qui fixât de quelle façon les voitures pour le transport des équipages des Troupes, seroient fournies par les Communautez, qui sont placées sur leur route, & comment ces Communautez seroient remboursées de cette dépense par le Pays.

Ce Reglement renferme divers articles, dont les principaux sont 1°. Que les Troupes entrant en Provence par Tarascon, pour se rendre en garnison ès Citadelle & Fort de Marseille, les voitures seront fournies en conformité des ordres de Sa Majesté par les Consuls de Tarascon jusqu'à Marseille. 2°. Que si les Troupes doivent se rendre à Toulon, les voitures ne seront fournies par les Consuls de Tarascon, que jusqu'à la Ville d'Aix, & que la Ville d'Aix les fournira jusqu'à Toulon. 3°. Qu'il en sera usé de même, lorsque les Troupes marcheront pour se rendre en garnison à Antibes ou à Monaco. 4°. Que les Troupes en garnison ou en quartier dans le Pays, en sortant par les mêmes routes, les Consuls d'Antibes, de Toulon & autres Villes, où elles seront en quartier, leur fourniront des voitures jusqu'à la Ville d'Aix, & celle d'Aix jusqu'à Tarascon. 5°. Que les Consuls de chacune de ces Villes feront les marchez des voitures, tant pour aller que pour revenir, au prix courant, dont la dépense leur sera admise en liquidation sur le pied des marchez, après avoir seulement deduit ce qui doit en être payé par les Officiers Majors.

Le nombreux passage des Troupes qu'il y a eu pendant cette année, a fait connoître par experience, combien ce Reglement étoit nécessaire; nul autre lieu que ces Villes n'étant pas en état de fournir ces voitures, le service du Roy en auroit souffert, & les Communautez en particulier n'auroient pû suporter cette depense, sans leur accorder pour aydes differentes Communautez, ainsi ce qui causoit autrefois de grands embarras, se trouve par là aplani.

Les Srs Bremond & Leclerc Maîtres Chirurgiens Lithotomistes.

La derniere Assemblée ayant pris une Deliberation sur les placets qui lui furent presentez par les Sieurs Bermond & Leclerc, Mes Chirurgiens Lithotomistes, par laquelle il leur est accordé une gratification annuelle de trois cent livres à chacun, donne en même tems pouvoir à Mrs les Procureurs du Pays, de regler les conditions, sous lesquelles l'un & l'autre de ces Lithotomistes rempliront leurs fonctions, & les précautions qui seront à prendre, pour qu'ils fassent des Eleves, qui puissent un jour les remplacer.

Contrat passé avec ce dernier pour l'opération de la Taille.

En consequence de cette Deliberation, ces deux Lithotomistes furent invitez à executer conjointement, ou separement & alternativement les fonctions, qu'ils avoient proposé de remplir, & de passer à cet effet les obligations par eux promises, & à la faveur desquelles la gratification leur étoit accordée ; mais le Sieur Bermond se croyant superieur au Sieur Leclerc, & en quelque maniere offensé du concours qu'on lui donnoit, ne voulut point accepter la gratification, ni passer aucune obligation : Le Sr Leclerc au contraire offrit de concourir avec le Sieur Bermond, & de faire alternativement les operations de la taille, conjointément ou separément, aux pauvres de l'Hôpital & du dehors, de tailler ceux qui seroient en état d'en payer les frais, moyennant les salaires de cent livres par chacune operation, & de faire des Eleves : sur quoi il fut pris une Deliberation particuliere le 9. May dernier, qui accepte ses offres, & le contrat lui en fut passé le même jour ; mais s'étant presenté à l'Hôpital, pour y faire aux pauvres les operations ausquelles il s'étoit soumis, Mrs les Directeurs de l'Hôpital le remercierent, & ne voulurent pas lui permettre d'y travailler, sous pretexte qu'ils avoient auparavant pris des engagemens avec le Sr Bermond ; ce qui a rendu jusqu'à present cet établissement chancellant & presque inutile ; mais il est à esperer que Mrs les Directeurs de l'Hôpital reconnoîtront bientôt, que pour l'interêt des pauvres & celuy du public, il est plus avantageux qu'il y ait deux Lithotomistes, qui excitez par l'émulation, soient également portez à se perfectionner dans leur art, & à être toûjours plus attentifs aux operations qu'ils feront.

Le

Le 8. du mois d'Octobre 1731. Monsieur de Thomassin Seigneur de la Garde Procureur du Pays s'étant rendu au lieu de Cassis, pour y faire la visite & recette du Mole & jettée qui avoient été construits par Jean-Loüis Engalier Entrepreneur; il fut d'un côté soûtenu par Engalier qu'il devoit lui être accordé un augment de travail; & d'autre part, Mr de la Garde y reconnut que pour rendre le Mole & jettée plus solides, il falloit élever le Mole & agrandir la jettée, de quoi il fit faire un devis estimatif en sa presence par l'Ingenieur du Pays, qui fixa cette augmentation du Mole & jettée au prix de vingt-quatre mille liv. & en consequence il fut fait de très-humbles remontrances à Sa Majesté, de vouloir bien contribuer pour un tiers à la construction des ouvrages portez par le nouveau devis, ainsi qu'elle avoit eu la bonté de contribuer pour l'execution du precedent devis; Sa Majesté ayant fait rendre un Arrêt par son Conseil le 8. Juillet 1732. par lequel elle accorde d'y contribuer pour un tiers; les Encheres furent ouvertes, & dans les mois d'Avril & May derniers, il se presenta divers offrans, du nombre desquels fut Engalier precedent Entrepreneur, qui dans son offre mit la condition qu'il seroit indemnisé, ou par le Pays, ou par les nouveaux Entrepreneurs de l'augmentation du travail qu'il avoit fait en executant le premier devis, au cas auquel son offre ne seroit pas re-

Port & Mole de Cassis.

Augmentation d'ouvrage auquel Sa Majesté veut bien contribuer pour un tiers, & dont le Contrat a été passé aux nommez Beraud pere & fils.

çûë, ainsi qu'il étoit porté par le procès verbal de Mr de la Garde du 8. Octobre 1731. sur lesquelles offres il fut pris une Deliberation verbale de fixer la pretention d'Engalier à la somme de cinq cent livres, tant pour ne pas détourner les nouveaux offrans, que pour faire cesser une contestation qui pouvoit avoir des suites. Les Encheres ayant été ensuite continuées, la delivrance en a été faite aux nommez Beraud pere & fils, pour la somme de vingt-deux mille trois cent livres, & à la charge par eux de payer à Engalier la somme de cinq cent livres pour prix de l'augmentation du travail fait à la jettée en executant le premier devis, & le Bail leur en a été passé le 6. Juin dernier.

Pont d'Esparron sur Verdon.

Reconstruction dont le Bail à été passé aux anciens Entrepreneurs, sur le pied du nouveau devis.

Les Entrepreneurs du pont d'Esparron sur la riviere de Verdon, ayant fait representer à la derniere Assemblée, que ce pont avoit été emporté pendant deux fois par deux cas fortuits, quoi qu'ils eussent pris toutes les precautions necessaires pour le rendre solide & le mettre dans sa perfection : la connoissance de ce Placet ayant été renvoyée à Messieurs les Procureurs du Pays, il fut d'abord determiné de faire examiner par l'Ingenieur du Pays, de quelle maniere on pouvoit pourvoir à ce que la reconstruction de ce pont fût renduë plus solide; & ayant dressé un Devis estimatif des augmentations d'ouvrages qui devoient y être faits; cette estimation fut portée à la somme de six mille livres ; & par une Deliberation verbale du 17. Juillet dernier, suivie d'un Bail, ces Entrepreneurs s'obligerent à executer l'ancien devis & le nouveau, portant augmentation de travail, moyenant la somme de six mille livres, & se chargerent de tous les évenemens & cas fortuits.

De la députation de Mr de la Garde Procureur du Pays à l'occasion du passage des Troupes en ce Pays allant en Italie.

M. Lebret, Conseiller d'Etat, Premier President & Intendant, & Commandant en Chef en ce Pays, leur ayant fait l'honneur de leur communiquer les ordres qu'il avoit reçû de la Cour sur le passage des Troupes par ce Pays, pour se rendre à Barcelonnette, & de là en Italie, il fut pris une Deliberation dans l'Assemblée particuliere du 30. Septembre dernier, par laquelle Mr de Thomassin la Garde, Procureur du Pays, fut deputé pour se rendre dans les Vigueries de Sisteron, Seyne & autres, & de s'y faire accompagner par l'Ingenieur du Pays, pour donner ses ordres pour la subsistance des Troupes, voitures pour le transport des Equipages, & reparations des chemins, & pour donner des aides aux Communautez qui ne seroient pas en état de suporter cette dépense. En execution de cette Deliberation, il fut expedié un Mandement à Mr de la Garde de la somme de douze mille livres, de laquelle il en a été employé celle de neuf mille deux cent soixante-trois livres, suivant l'Etat qui en a été dressé sur les quittances des Consuls de Communautez qui ont reçû des aides, laquelle somme doit être deduite sur le montant de la liquidation qui sera faite à chacune de ces Communautez de la dépense des Troupes; & à l'égard des deux mille sept cent trente-sept livres restantes entre les mains de Mr de la Garde, elles ont été remises dans la caisse du Pays par un exigat expedié au Sr Tresorier des Etats.

TOULON.

De l'Arrêt du Conseil obtenu par cette Communauté, pour continuer le creusage de son port, ce qui éloigne le compte qui devoit être fait des 4000. liv. pour lesquelles le Païs contribuë annuellement à cette dépense.

La derniere Assemblée generale ayant deliberé de venir à compte avec la Communauté de Toulon, sur l'emploi qu'elle faisoit annuellement de la somme de quatre mille livres, pour laquelle le Pays contribuë au creusage & curage de son Port, elle a communiqué un Arrêt du Conseil du 11. Juin 1731. qui ordonne qu'il sera dépensé la somme de douze mille livres pour chacun an, pendant le cours de cinq années, à commencer du 23. du mois de Juin même année; & comme cet Arrêt doit être executé nonobstant toutes oppositions, il a fallu s'y soûmettre, sauf de prévenir qu'il ne soit obtenu un pareil Arrêt, & de venir à compte.

ANTIBES.

Sur le creusage de son port.

Les Consuls d'Antibes ayant representé à la derniere Assemblée, que le port de leur Ville étoit presqu'entierement comblé, & que le service de

Sa Majesté & l'interêt du Pays exigeoient qu'il fût de nouveau creusé ; elle renvoya à statuer sur cette demande, lorsque la Communauté d'Antibes auroit deliberé sur la fourniture du premier tiers de cette dépense, & qu'elle auroit passé sa soûmission d'entretenir l'ouvrage.

Cette Communauté prit une Deliberation le 22. du mois de Fevrier dernier, qui n'étoit pas conforme au desir de celle de l'Assemblée, & écrivit à M. de Maurepas pour favoriser son projet.

Sur la communication qui a été prise de cette Deliberation, il a été répondu qu'il falloit commencer à faire dresser un devis estimatif de ce à quoi monteroit toute la dépense, & que la Communauté se soûmît à en payer le tiers, & à entretenir l'ouvrage à perpetuité, & qu'elle obtînt de la bonté du Roy d'y contribuer pour un tiers.

DETTES du Pays.

Remboursemens faits du fonds imposé par la precedente Assemblée.

La derniere Assemblée generale ayant imposé cinquante livres par feu, & destiné d'autres fonds pour joindre à ceux qu'il plairoit au Roy d'accorder pour le remboursement des dettes du Pays, en commençant par celles dont le payement des rentes devoit être fait en la Ville de Paris, il a été fait des remboursemens jusques à ce jour, pour la somme de quatre cent vingt-neuf mille trois cent soixante-cinq livres dix-huit sols neuf deniers; Sçavoir, aux Créanciers residens à Paris, pour la somme de trois cent trente-sept mille cinq cent livres; & à ceux de Provence, pour la somme de quatre-vingt-onze mille huit cent soixante-cinq livres dix-huit sols neuf deniers. Ils auroient souhaité que cette somme de quatre cent vingt-neuf mille trois cent soixante-cinq livres dix-huit sols neuf deniers eût été employée en total au remboursement des Créanciers de Paris; mais comme d'un côté on ne pouvoit faire remettre avec facilité ces fonds en la ville de Paris, & que d'autre part il convenoit d'en faire emploi, pour faire cesser les rentes, il a été necessaire de diviser ces remboursemens suivant l'état dont il a été fait lecture, d'autant mieux que les frais des quittances des sommes remboursées en Provence, n'ont pas été à la charge du Pays, à mesure qu'ils n'ont été accordez que sur la demande des créanciers, & sans qu'ils ayent été assignez à cet effet.

PROCEZ.

Dans le cours de leur administration ils ont eu quelques procès à soûtenir.

Des contestatiōs entre Mrs. les Procureurs du Pays & Mrs les Tresoriers Ge-

L'un de ces procès c'est celui de la procedure tenuë par Mrs. les Tresoriers Generaux de France, sur le requisitoire du Procureur du Roy de ce Bureau, au sujet des inondations arrivées dans le chemin d'Aix à Marſeille ; ce Bureau ayant ordonné des reparations à faire par les Procureurs du Pays, contre l'expreſſe diſpoſition de l'Art. Ir. du Reglement du mois de Decembre 1687. autoriſé par un Arrêt du Conſeil.

neraux de France, au ſujet des innondations arrivées dans le chemin d'Aix à Marſeille ; ſur leſquelles il a été rendu Jugement.

Sa Majeſté informée de cette conteſtation, en avoit renvoyé la connoiſſance à M. Lebret Conſeiller d'Etat, par un Arrêt du 22. Août 1732. Meſſieurs les Treſoriers Generaux de France firent leurs repreſentations à M. le Chancelier, contre cet Arrêt, & prétendoient le faire revoquer.

Les choſes étoient en cet état, lorſque la derniere Aſſemblée inſtruite non ſeulement de cette conteſtation, mais encore de pluſieurs autres entrepriſes faites par Meſſieurs les Treſoriers Generaux de France, contre les droits du Pays, delibera de donner pouvoir à Meſſieurs les Procureurs du Pays, de conferer avec Meſſieurs les Treſoriers Generaux de France, pour les engager à réparer les contraventions qui avoient été faites contre la Tranſaction de 1668. & le Reglement de 1687. & qu'au cas que Meſſieurs les Treſoriers Generaux ne vouluſſent pas ſe rendre juſtice, il ſeroit demandé un Arrêt du Conſeil pour l'attribution de toutes les matieres concernant les Ponts & Chemins, à M. l'Intendant.

Ces Conferences furent commencées chez M.

l'Archevêque, & l'on vit à regret que Messieurs les Tresoriers Generaux de France ne voulurent point entrer dans le detail de toutes les contraventions commises, & qu'ils se bornoient uniquement à la procedure qu'ils avoient prise au sujet du chemin d'Aix à Marseille ; en sorte que ces Conferences n'eurent point le succès auquel on devoit s'attendre, se flattant apparemment que leur Député qui étoit à Paris, obtiendroit la revocation de l'Arrêt du 22. Août 1732. à quoi il n'a pû parvenir, Sa Majesté ayant par un second Arrêt de son Conseil du 28. Juin 1733. ordonné l'execution du premier sur toutes les contestations particulieres concernant le chemin d'Aix à Marseille ; en execution de ces deux Arrêts, il a été poursuivi pardevant M. l'Intendant qui a rendu Jugement le . . . .
il ne reste donc qu'à poursuivre sur les autres contraventions.

Barbentane.

De l'état du Procès de cette Communauté & le Pays intervenant, contre les PP. Chartreux de Villeneuve.

Les Consuls de Barbentane ayant presenté un Placet à la derniere Assemblée, dans lequel ils exposoient d'avoir obtenu un Arrêt du Conseil le 5. Août 1732. portant que par Messieurs les Intendans en Provence & en Languedoc, ou leurs Subdeleguez, & par chacun d'eux en droit soi, il seroit dressé verbal de verification des ouvrages construits par les Peres Chartreux de Villeneuve-lès-Avignon, & des dommages que ces ouvrages

ges avoient causé, ou pourroient causer dans la suite, au terroir de Barbentane, & demandé que le Pays leur donnât les secours necessaires pour l'execution de cet Arrêt, ainsi qu'il s'y étoit engagé par une Deliberation de l'Assemblée de l'année 1730. La connoissance de cette demande fut renvoyée à Messieurs les Procureurs du Pays, & ils se proposoient de fournir à cette Communauté les secours necessaires pour le soûtien de ce procès, lorsque le Sindic general de la Province de Languedoc & les Prieur & Religieux de la Chartreuse de Villeneuve ont presenté Requête au Conseil de Sa Majesté, aux fins d'être reçûs opposans envers cet Arrêt du 5. Août 1732. & qu'en l'interprêtant en tant que de besoin, les Procès verbaux qui, suivant cet Arrêt de 1732. devoient être dressez separément par Messieurs les Intendans de l'une & l'autre Province, ou par les Subdeleguez qu'ils commettroient à cet effet, seroient réünis à un seul Procès verbal, qui seroit par eux dressé conjointement, en presence de toutes les Parties. Il a été fourni des Memoires sur cette Requête, & il n'y a point encore été statué.

Du prix-fait de la réparation du chemin de l'Aurade à Tarascon, qui a été exposé à la folle enche-

Joseph La Chaux entrepreneur du Chemin de l'Aurade à Tarascon, par un prix-fait, dont le Bail lui fut passé le 5. Août 1729. sous le cautionnement de Laurens, ayant negligé de remplir *re de Joseph La Chaux Entrepreneur.*

ses engagemens, quoi qu'à compte des trente-un mille neuf cent cinquante livres du montant du prix-fait il eût déja reçû vingt mille livres, ils ont été obligez de se pourvoir pardevant M. l'Intendant, pour obtenir des injonctions de satisfaire à ses obligations dans un brief délai, passé lequel cette réparation seroit exposée à la folle enchere; il a été obtenu une Ordonnance le 21. Janvier dernier, conforme à ces fins; & les trois mois de delai qui lui avoient été accordez étant expirez, la reparation de ce chemin a été exposée à la folle enchere de La Chaux : mais jusques à present il ne s'est pas présenté des Entrepreneurs qui fissent des offres convenables.

FORCALQUIER.

De l'Arrêt obtenu par cette Communauté sur le procès qu'elle avoit au Conseil, auquel le Pays avoit donné son intervention au sujet de l'établissement d'un 3e Consul.

Le Pays avoit accordé son intervention au procès que les Consuls & Communauté de Forcalquier avoient au Conseil de Sa Majesté, en cassation d'un Arrêt qui avoit établi un troisiéme Consul en cette Communauté; & par Arrêt du Conseil du 22. Août dernier, cet établissement a été cassé & supprimé.

De l'état des differens qui sont entre le Pays & le Sr Tornatory, au sujet de son Compte du sixiéme Denier.

Quelqes poursuites qu'on ait fait contre le Sr Tornatory, on n'a pû encore parvenir à l'obliger d'acquiescer à l'arrêté de son compte, ou à passer une Transanction qui termine les diverses contestations qu'il éleve contre cet arrêté de compte.

Les Prepoſez & Commis du Soû-Fermier du Controlle des Actes, des Formules & droits reſervez, attentifs à étendre les droits de la Ferme au-delà de la diſpoſition des Edits, Declarations de Sa Majeſté & Arrêts de ſon Conſeil, ayant engagé Mrs les Procureurs du Pays à faire des repreſentations à M. le Controlleur General, contenant differens articles, ſur chacun deſquels ils demandoient une déciſion particuliere: Ces repreſentations n'ont pas eu tout le ſuccès dont ils s'étoient flattés, ayant été répondu qu'on ne faiſoit point de deciſions generales, mais qu'on decideroit ſeulement les cas particuliers quand ils ſe preſenteroient, en ſorte que chacun des cas qui arrivent forment tout autant de conteſtations particulieres qu'il faut avoir avec le Fermier, qui tantôt ſe terminent de gré à gré, & tantôt par Ordonnances de M. l'intendant. Le plus intereſſant de ces cas, dont il eſt neceſſaire que tous les Deputez ſoient inſtruits, eſt celui dans lequel le Soû-Fermier pretendoit ſoûmettre au Controlle des Actes, les Comptes qui ſont rendus par les Treſoriers, Fermiers & prepoſez à la recette des deniers du Roy, du Pays & de la Communauté, & qui ſont entendus par les Auditeurs de Comptes, & ce pour la ſomme à laquelle le reliquat de compte étoit fixé: mais cette pretention a été condamnée par Ordonnance de M. l'Intendant du 12. Septembre dernier.

Des repreſentations faites ſur les extentions du Soû-fermier des droits de Controlle & de l'Ordonnance de M. l'Intendant, qui condamne ſa pretention à aſſujettir à ce droit les Ordonnances de clôture des Cōptes des Communautez.

Il a été rendu d'autres Ordonnances moins interessantes, dont il seroit superflu d'instruire l'Assemblée, il suffit que Messieurs les Deputez sçachent que quand il se presentera des cas particuliers dans lesquels ils ne croiront pas que les droits soient dûs, ils doivent demander les éclaircissemens à Messieurs les Procureurs du Pays, & cependant les payer, sauf de les repeter.

Deliberation. L'Assemblée a aprouvé & ratifié tout ce qui a été fait par M[rs] les Procureurs du Pays, & les a remercié dés soins qu'ils ont pris durant le cours de leur administration, ayant prié Mr l'Assesseur de reprendre dans une autre Séance les affaires qui meritent une Deliberation plus expresse. L'Assemblée a encore renouvellé ses remercimens au Seigneur Intendant, des bons offices qu'il a rendu audit Pays, & des avantages qu'il lui procure journellement, le priant de vouloir bien lui continuer des dispositions si favorables; elle a prié Messieurs les Procureurs du Pays, d'écrire au nom de l'Assemblée à M. le Marêchal de Villars, & à M. le Marquis de Brancas pour les remercier de leur protection, & les supplier de vouloir bien les continuer.

TARASCON.

Differens chefs de demande, tant pour raison

Ledit Sr Assesseur a dit, que la Communauté de Tarascon a presenté un Memoire à l'Assemblée, contenant quatre differens chefs de demande; par le premier, elle demande que le Pays l'indemnise d'une depense d'environ quatre mille livres, qu'elle a été obligée de faire pour la réparation des Pallieres, qui ont été construites aux frais du Pays & de la Communauté, & à laquelle dépense Sa Majesté a eu la bonté de contribuer, pour garantir son terroir des innondations du Rhône. En second lieu, que le Pays préne le fait & cause de quelques perticuliers possedans biens dans les quartiers de la Mermat & de la Motte-Lussan, qui ont été attaquez par le Fermier des Domaines du Roy en Languedoc, pour un droit de Franc-fief, ensuite des rolles arrêtez au Conseil, & pour raison de la possession des biens qu'ils possedent ausdits quartiers, dont ils payent la taille à la Communauté de Tarascon. En troisiéme lieu, que le Pays l'indemnise de la somme d'environ deux mille livres que doit le Sieur Croizat acquereur de la terre de Châteaugaillard, pour sa portion du département des dettes de la Communauté, & que ce dernier ne paye pas à la Communauté de Tarascon, sous pretexte du Procès qu'il y a entre le Pays, la Communauté de Tarascon & ledit Sr Croizat au Conseil de Sa Majesté, pour sçavoir si la terre de Châteaugaillard est du terroir de Tarascon, ou si elle fait partie du Languedoc, comme un atterissement & accroissement du Rhône. Et finalement, cette Communauté demande que l'on perfectionne le

de ses Pallieres, du droit de Franc-Fief pour lequel les possedans biens dans certains quartiers sont recherchez, du procés que cette Communauté a contre le Sr Croizat, que pour la réparation du Chemin de l'aurade.

chemin de l'Aurade, dont la reparation a été commencée, & n'a été discontinuée que par le deffaut des ouvriers que le Pays a choisi.

Et afin que l'Assemblée puisse statuer avec connoissance de cause sur ces quatre chefs de demande, il est à propos de lui faire observer qu'à l'égard du premier, concernant les Pallieres, le Pays a contribué pour un tiers à la confection de ces ouvrages, à condition que la Communauté seroit soûmise à l'entretien d'iceux à perpetuité, sans jamais pouvoir y recourir, & qu'ainsi la seule question qu'il y a à decider, consiste à sçavoir si la reparation qui a été faite tombe dans l'entretien, ou si au contraire elle doit être regardée comme une nouvelle entreprise.

Sur le second chef, qui regarde les Francs-Fiefs, il ne s'agit pas de lier une instance pour faire decharger ces particuliers attaquez par le Fermier du Languedoc, mais seulement de presenter un Placet à M. l'Intendant des Finances qui a le departement des Francs-Fiefs, par lequel on lui representera que ce bien étant sujet à la taille qui se paye en Provence, ne peut être sujet au droit de Franc-Fief, qui n'est dû que par la personne roturiere, pour raison de la possession du bien noble. Que pour ce qui concerne le troisiéme chef, qui est la dette du Sr Croizat, à l'occasion du departement, le Pays étoit intervenu dans le procès, mais que la Communauté de Taraſcon y ayant le principal interêt, elle devoit en faire la pourſuite, ſi elle croyoit ſa pretention bien fondée, comme il y avoit lieu de l'eſperer. Et finalement, que la confection de ce qui reſte à faire des reparations ordonnées au chemin de l'Aurade, cela tomboit en adminiſtration, cette reparation ayant été miſe à la folle enchere; & ſi la Communauté de Taraſcon vouloit l'accelerer, elle n'avoit qu'à fournir le tiers qu'elle eſt obligée de contribuer, en execution du Reglement du Pays de 1687.

Deliberation.

Sur laquelle propoſition l'Aſſemblée a deliberé de rejetter le Memoire de la Communauté de Taraſcon.

Dudit jour 17. Novembre de relevée.

De la pretention du Sr De Blair Receveur des Conſignations à aſſujetir au droit de 7. & demi pour 100. les Collocations faites pour Tailles.

LEdit Sr Aſſeſſeur a dit, qu'il lui a été remis un Memoire par le Sr Deputé de la Communauté de Draguignan, dans lequel on expoſe que le Sr De Blair receveur des Conſignations, ou ſes Commis en la Viguerie de Draguignan, pretendent exiger le droit de ſept & demi pour cent ſur les Collocations faites pour les Tailles, par les Troſoriers ou Collecteurs, & que c'eſt le Conſul de Flayoſc qui dans une Aſſemblée de la

Viguerie, a porté plainte de ces abus & de divers commandemens qui ont été faits à la requête du Sr De Blair : Surquoi il est à remarquer que pareille plainte fut portée à l'Assemblée generale des Communautez de l'année 1702. & qu'il y fut pris une Deliberation portant que Messieurs les Procureurs du Pays interviendroient au procès pendant pour raison de ce, ainsi qu'il resulte de l'Imprimé du Cayer page 53. D'ailleurs cette pretention a été condamnée par Arrêt de la Cour des Comptes.

Deliberation.

Sur quoi il a été resolu que Messieurs les Procureurs du Pays prendront toutes les mesures convenables pour arrêter les extentions que le Sr De Blair, ou ses Commis, donnent à ce droit.

Du droit de grand & petit Peage que le Fermier du Domaine fait lever sur les Marchandises & Denrées qui passent sur le pont des rivieres de Buech & de Durance.

Ledit Sr Assesseur a representé qu'il lui a été remis un Memoire ou Placet par le Sieur Deputé de la Communauté de Sisteron, contenant, que depuis le premier Octobre dernier seulement, le Fermier des droits du Domaine en Provence fait lever un droit de grand & petit peage sur les marchandises & denrées qui passent sur le pont des rivieres de Buech & de Durance, qui sont tout près de la Ville de Sisteron ; ce qui cause un dérangement dans le Commerce de ce Pays, étant à l'Assemblée à deliberer ce qu'elle jugera à propos pour empêcher cette nouveauté.

Sur

Sur quoi il a été deliberé que Messieurs les Procureurs du Pays se pourvoiront pardevant qui de droit, pour obtenir des inhibitions contre le Fermier du Domaine, d'exiger un droit nouveau & inusité, & pour favoriser le commerce entre le Dauphiné & la Provence, autant que faire se pourra.

Deliberation.

Ledit Sr Assesseur a dit, qu'il lui a été remis un Placet pour l'Assemblée, & un Memoire de la part du Sr Aymard Lieutenant Principal en la Senéchaussée de Forcalquier, par lequel il demande l'intervention du Pays, en deux differens Procès qui lui ont été intentez de la part de Mr le Commandeur d'Avignon, en qualité de Seigneur de Lardiers, dans le terroir duquel lieu ledit Sr Aymard possede des biens roturiers. Dans le premier procès le Seigneur de Lardiers conteste au Sr Aymard de pouvoir avoir un Pigeonnier, quoique par le droit commun de ce Pays, établi par l'Arrêt rendu entre la Communauté de Puylobier, & son Seigneur, il soit permis aux habitans d'avoir des Pigeonniers, & que ce droit ait été confirmé par les Lettres Patentes obtenuës par le Pays, en abonnement de la taxe que le Roy fit pour être confirmé dans le droit d'avoir des Pigeoniers, taxe qui n'a été payée que par les proprietaires des biens roturiers, la Noblesse n'ayant pas voulu entrer dans cet abonnement ; &

Intervention demandée par le Sr Aymard Lieutenant à Forcalquier, dans les deux procès qu'il a contre le Seigneur de Lardiers.

cela sur le fondement, que les Pigeoniers étoient sujets à la Taille, & qu'ils faisoient partie du fonds, & attendu leur utilité pour l'engrais des terres. Le second procès n'est pas moins interessant pour le Corps du Pays, puisqu'il s'agit du droit, que le Seigneur de Lardiers a voulu exercer en retention de quelques biens, que le Sieur Aymard avoit acquis, par la voye du retrait feodal, auquel retrait le Sieur Aymard consent, pourvû qu'il soit payé du prix desdites acquisitions, frais & loyaux coûts, reparations utiles & necessaires : mais ce procès a été évoqué au grand Conseil en vertu des Lettres patentes accordées à la Religion de Malthe; & il a été formé un conflit par le Sieur Aymard entre le Parlement d'Aix & le grand Conseil, pendant au Conseil privé de Sa Majesté, attendu qu'il s'agit ici seulement de la perception d'un droit de la Commanderie, & que ce n'est point le cas de l'évocation qui est expressement excepté par les Lettres patentes, & il seroit de consequence, si l'on pouvoit, contre la disposition du droit commun & du statut particulier de ce Pays, faire plaider les particuliers hors de leur ressort, dans les cas qui ne sont pas sujets à évocation.

Deliberation. Sur quoi l'Assemblée a deliberé d'accorder l'intervention demandée par le Sr Aymard dans l'un & dans l'autre procès, aux formes ordinaires.

Penitens bleus de la Ville d'Aix.

Chapelle dan le nouveau Cimetiere des Supliciez.

Ledit Sr Assesseur a dit, que sur l'exposé d'un Placet qui fut presenté à la derniere Assemblée, par la Confrerie des Freres Penitens bleus de la Ville d'Aix, au sujet d'une Chapelle qu'il y avoit autrefois dans l'ancien Cimetiere des supliciez, & qui avoit été detruite, il fut deliberé qu'il en seroit rétabli une nouvelle aux depens du Pays dans le nouveau Cimetiere, sur le devis qui en seroit dressé par le Sr Vallon Ingenieur, n'excedant toutefois la somme de quatre cent livres; en execution de cette Deliberation, le Sr Vallon a fait son devis estimatif, revenant à la somme de huit cent quatre-vingt-dix liv. en sorte que la Deliberation a resté sans execution, attendu que l'Assemblée avoit limité le don à quatre cent livres: Cependant comme la chose fut trouvée juste; c'est à cette Assemblée à statuer sur ce qu'il y a à faire pour l'execution ou la revocation de la precedente Deliberation.

Deliberation.

Surquoi il a été deliberé à la pluralité des voix, que Messieurs les Procureurs du Pays mettront aux Encheres le devis du Sr Vallon, & que venant ladite reparation à être portée par la chaleur des Encheres autour de huit cent livres, le prix-fait en sera donné à celui qui fera la condition meilleure, sans que sous quelque pretexte que ce soit, la Confrerie des Penitens bleus puisse pretendre aucune augmentation, ni aucun don pour tout ce qui pourroit assortir ladite Chapelle.

Du 18 dud. mois de Novembre du matin.

De la demande de la part du Roy de la somme de 145125. l. tant pour l'ustencile de la Cavalerie, que pour celle de l'Infanterie pendant l'hyver, taxations, frais de recouvrement, & autres.

LE Seigneur Premier President & Intendant a dit, qu'il a reçû un Arrêt du Conseil d'Etat du 27. Octobre dernier, par lequel Sa Majesté ordonne qu'il sera imposé pendant l'année 1734. sur les contribuables du Pays de Provence, la somme de cent quarante-cinq mille cent vingt-cinq livres; Sçavoir, celle de vingt-quatre mille quatre cent livres sur les Villes de ce Pays qui seront exemptes de logement, pour l'ustencile de Troupes d'Infanterie qu'elles auroient dû loger si lesd. Troupes avoient hiverné dans l'interieur du Royaume, & celle de cent dix mille six cent livres, pour l'ustencile de la Cavalerie, laquelle sera imposée au marc la livre de la Taille sur les Villes, Bourgs & Paroisses dudit Pays, autres que celles cy-dessus qui payent l'ustencile de l'Infanterie, & celle de dix mille cent vingt-cinq livres pour les taxations, fraix de recouvrement, interêts d'avance, & autres fraix que Sa Majesté a fixé à dix-huit deniers pour livre; revenant toutes les susdites sommes, à celle de cent quarante-cinq mille cent vingt-cinq livres, laquelle sera payée par les contribuables, de quartier en quartier, & levée par les Collecteurs ordinaires, pour être par eux payée ez mains des Receveurs particuliers dudit Pays de Provence, & par lesdits Receveurs particuliers en celles du Tresorier general dudit Pays, à la déduction de huit deniers pour livre de taxations, dont quatre deniers seront retenus par les Collecteurs, & quatre deniers par les Receveurs particuliers : & sera ladite somme de cent quarancinq mille cent vingt-cinq livres, déduction faite desdits huit deniers pour livre, remise par ledit Tresorier general au Tresor Royal, & employée suivant les Ordonnances particulieres que Sa Majesté fera expedier à cet effet.

Observation.

Sur laquelle proposition, le Seigneur Archevêque d'Aix, President aux Etats, a dit qu'il a été verifié sur les Registres des Deliberations des precedentes Assemblées, que la demande qui est faite, tant pour l'ustencile de la Cavalerie, que pour celle de l'Infanterie, n'est point nouvelle, & qu'elle a presque toûjours été fixée à la même somme que celle qui est portée par l'Arrêt du Conseil, pendant tout le tems que la derniere guerre a duré; qu'il n'y a de nouveau dans cette demande que les taxations & frais de recouvrement, qui sont fixez à dix-huit deniers pour liv. qui n'avoient jamais été demandez; & que Sa Majesté faisoit expedier une Lettre pour demander l'ustencile de la Cavalerie, & un Etat arrêté au Conseil, contenant les Communautez qui devoient contribuer à l'ustencile de l'Infanterie, dans lequel Etat Arles & Salon y étoient compris pour la somme, sçavoir, Arles de sept mille liv. & Salon quatorze cent liv. l'ustencile de la Cavalerie étoit imposée sur toutes les Communautez à cotité de feux, & payée par le Tresorier du Pays, sur les quittances du Tresor Royal, ensuite des Mandemens de Messieurs les Procureurs du Pays : Et à l'égard des sommes que les Communautez cottisées par un Etat arrêté au Conseil payoient pour l'ustencile de l'Infanterie, ces sommes étoient payées par ces Communautez, sauf leur remboursement dans la liquidation des autres dépenses des Troupes. Cependant comme il convient de se prêter avec zéle à tout ce qui peut regarder le bien du service de Sa Majesté, il est à propos de deliberer sur l'imposition des sommes demandées par l'Arrêt du Conseil, sauf les representations, pour mettre les choses en regle pour l'avenir, & suivre les anciens usages du pays.

Deliberation. Sur laquelle proposition il a été unanimément resolu qu'il sera mis fonds ci après de la somme de cent quarante-cinq mille cent vingt-cinq liv. sauf d'être retenu sur icelle les sommes attribuées pour le recouvrement, qui ne seront pas comprises dans les Quittances du Tresor Royal, & à deduire celles qui doivent être payées par Arles & Salon ; & néanmoins l'Assemblée a deliberé qu'il seroit fait article dans le cayer des remontrances, par lequel Sa Majesté sera très-humblement suppliée de decharger le Pays de la ſomme de dix mille cent vingt-cinq livres pour les taxations & frais de recouvrement, & que la demande en ſera faite par une Lettre de Sa Majeſté, pour ce qui regarde l'uſtencile de la Cavalerie; & par un Etat arrêté au Conſeil des ſommes qui doivent être payées pour celle de l'Infanterie, en conformité des anciens uſages.

Du Jugement en dernier reſſort, rendu ſur les conteſtations qui étoient entre le Pays & Mrs les Treſoriers generaux de France, & des reparations à faire au chemin d'Aix à Marſeille.

Mr. l'Aſſeſſeur a dit, qu'il a fait mention dans ſa Relation, des conteſtations qu'il y avoit entre le Pays & Meſſieurs les Treſoriers Generaux de France, dont la connoiſſance avoit été renvoyée à M. le Premier Preſident & Intendant, leſquelles ont été finies par un Jugement en dernier reſſort, par lequel les procedures faites par Meſſieurs les Treſoriers de France, & les Ordonnances qu'ils avoient rendu ont été caſſées; & comme ce Jugement renferme une diſpoſition par laquelle il eſt porté, ſauf aux Procureurs du Pays de pourvoir à quelques réparations à faire au chemin, il eſt neceſſaire de prendre une Deliberation, tant pour l'execution de ce Jugement, que pour pourvoir, ſi l'Aſſemblée le trouve bon, aux réparations indiquées, dont il a fait le detail.

Deliberation.

L'Aſſemblée a deliberé qu'il ſera procedé à un devis eſtimatif des réparations portées par ledit Jugement, & autres qu'il conviendra faire pour l'interêt particulier du Pays, en presence de l'un de Messieurs les Procureurs du Pays, lesquelles seront mises aux encheres, pour être ensuite executées & payées en la forme portée par le Reglement du Pays de l'année 1687.

De la créance du Pays sur feu Mr le Conseiller de Montvert.

Ledit Sr Assesseur a dit, qu'il a été souvent fait mention en plusieurs autres Assemblées de la créance du Pays sur feu Mr le Conseiller de Montvert, laquelle procedoit d'un cautionnement de la somme de soixante mille livres, passé en faveur du Pays, de la gestion des Sieurs Creissel pere & fils, ci-devant Tresoriers des Etats, duquel cautionnement il n'est plus dû au Pays que la somme de seize mille livres, qui devoit être payée en payes de deux mille livres. Mr de Montvert fils heritier de Mr son pere par inventaire, a presenté un Placet à l'Assemblée, par lequel il offre de donner six mille livres argent comptant de cette créance, qui ne seroit payable qu'en biens hereditaires, attendu l'instance beneficiaire, & les créances anterieures au Pays, qui emporteroient la plus grande partie des contrats de constitution de rente de cet heritage : mais comme cette affaire merite un detail circonstancié, il conviendroit peut-être de la renvoyer à une Assemblée de Messieurs les Procureurs du Pays, avec une limitation de la remise que le Pays voudra faire, ou d'accepter dès-à-present l'offre dudit Sr de Revest. Led. Sr Assesseur l'Assesseur a encore instruit l'Assemblée de la Transaction passée le 17. Mars 1713. & du cautionnement solidaire du Sr Revest Greffier des Etats, contenu dans ladite Transaction, & autres circonstances : & après avoir pris les opinions.

Déliberation.

L'Assemblée a deliberé, qu'en payant par led. Sr Revest de Montvert, dans le mois, la somme de huit mille livres en deniers comptans, le Pays lui quitte personnellement, & à sa seule consideration, les sommes qui restoient dûës audit Pays, tant en principal, interêts que depens, en vertu de la Transaction du dix-sept Mars 1713. & le subroge à ses droits, hipotéques & privileges, pour les faire valoir à son risque, peril & fortune, ainsi qu'il trouvera bon, & sans que ledit Pays lui soit de rien tenu.

Maison du Refuge de la Ville d'Aix.

Ledit Sr Assesseur a dit, que les Recteurs de la Maison du Refuge de la Ville d'Aix, ont presenté un Placet à l'Assemblée, par lequel ils exposent les miseres de cette Maison, & supplient l'Assemblée de vouloir continuer l'aumône qui leur à été accordée par les precedentes Assemblées ; sur quoi on doit faire observer que le Placet qui fut presenté par les mêmes Recteurs à la derniere Assemblée n'ayant pas été raporté par oubli, on leur a fait expedier le mandement de l'aumône de cent cinquante livres, sous le bon plaisir de celle-ci.

Deliberation.

Sur quoi l'Assemblée, sans tirer à consequence, a accordé à lad. Maison du Refuge cent cinquante livres pour aumône, dont il sera expedié mandement par Messieurs les Procureurs du Pays, sur le Sr Tresorier des Etats : aprouvant au surplus le mandement qui a été expedié aux Sieurs Recteurs de ladite Maison de semblable somme pour la presente année.

Imprimerie.

Placet d'Adibert & Gilibert Imprimeurs, au sujet de l'Arrêt du Conseil, obtenu contre eux par le Sr David.

Ledit Sr Assesseur a dit, qu'il a été presenté un Placet à l'Assemblée, par Clement Adibert & Joseph Gilibert Imprimeurs, par lequel ils representent que ledit Adibert travaille dans Aix en qualité de fils de Maître ; & ledit Gilibert, comme ayant été apellé en la Ville d'Aix pour diriger l'Imprimerie de la Veuve Senez : neanmoins pour satisfaire à l'Arrêt du Conseil du 21. Juin 1704. qui fait deffenses d'exercer l'Imprimerie, sans en avoir obtenu la permission par un Arrêt du Conseil, & qui fixe le nombre des Imprimeurs d'Aix au nombre de deux ; le Conseil de Sa Majesté les renvoya à Mrs les Consuls de la Ville d'Aix, en qualité de Lieutenans Generaux de Police, lesquels dresserent leur Procès verbal, & reconnoissant la necessité qu'il y avoit qu'il y eût dans Aix plus de deux Imprimeurs, donnerent leur avis au bas de leur Procès verbal, par lequel ils demandoient à Sa Majesté qu'il y eût quatre places d'Imprimeurs à Aix, dont la derniere seroit remplie par ledit Gilibert : Cependant le Sr David a ſurpris de la religion du Conſeil un Arrêt le 9. Fevrier dernier, qui déboute ledit Gilibert de ſa pretention, & fait deffenſes à Clement Adibert de continuer l'exercice de l'Imprimerie : mais comme deux Imprimeurs ne ſuffiſent pas dans Aix, ainſi qu'il a été verifié par Meſſieurs les Conſuls, ils demandent l'intervention & le ſecours du Pays, pour obtenir la revocation dudit Arrêt du Conſeil.

Deliberation.

Sur quoi l'Aſſemblée, reconnoiſſant la neceſſité qu'il y a d'avoir dans Aix plus de deux Imprimeurs, a deliberé de faire de très-humbles remontrances à Sa Majeſté pour en augmenter le nombre, & le fixer tout au moins à quatre.

Dudit jour 18. Novembre de relevée.

Du Memoire preſenté par le Sr de Chauſſegros Ingenieur, pour la conſtruction à ſes frais de deux Ponts de bois ſur les Rivieres de Bleoune

LEdit Sr Aſſeſſeur a dit, que le Sr de Chauſſegros, Ingenieur du Roy, propoſe à l'Aſſemblée par un Memoire qu'il lui a adreſſé, de faire à ſes frais la conſtruction de deux ponts de bois, l'un ſur la riviere de Bleoune, & l'autre ſur celle d'Aſſe, pour la facilité du commerce & pour la commodité du paſſage des Troupes qui ſouvent ſont arrêtées par les debordemens de ces rivieres, en demandant à Sa Majeſté la permiſſion d'y faire lever un droit de Pontenage pendant vingt-cinq ans, de la maniere qu'il le fixe dans ſon Memoire, & ſauf au Pays de rentrer dans la proprieté dudit pont après les vingt-cinq années expirées, étant remboursé des sommes que ledit pont aura coûté lors de la confection, suivant l'estimation qui en sera faite ; n'ayant pas voulu ledit Sr de Chaussegros s'adresser à Sa Majesté pour obtenir cette permission, sans avoir auparavant le consentement du Pays ; & c'est sur quoi il s'agit de deliberer.

Deliberation.

L'Assemblée reconnoissant l'utilité qu'il y auroit à la construction de ces deux ponts, a deliberé de consentir à ce que ledit Sieur de Chaussegros obtienne de Sa Majesté la permission de construire lesdits ponts, sauf de faire reduire les droits de pontenage qu'il a fixé dans son Memoire à des sommes trop fortes ; & encore au Pays de pouvoir éteindre lesdits droits, en l'indemnisant des frais de la construction, tant seulement, & en quelque tems que ce soit.

Ponts & Chemins à réparer.

Ledit Sr Assesseur a dit, qu'il lui a été remis plusieurs Placets pour la réparation des ponts & chemins ; Sçavoir, la réparation du chemin du Martigues à Saint Mitre, deliberée depuis vingt ans ; celle du chemin de Saint Remy à Eyguieres dans le terroir de Romany, Eygalieres, Vallongue & Eyguieres ; le rétablissement de deux Arches & une pille, avec une partie du massif joignant le pied-droit du pont le plus près de la Ville de Digne sur la riviere de Bleoune ; la reparation du chemin de Beaujeu à Seyne ; de celui de Toulon à la Ciotat ; de celui de Gardane au grand chemin de Marseille, passant par le terroir de Bouc ; la refection d'un pont de bois sur la riviere d'Asse devant Barreme ; la construction d'un pont sur le torrent dans le grand chemin de Saint Remy à Orgon, vis-à-vis la bastide du Sr Pelissier ; d'un autre pont sur la riviere de la Cagne, près Cagne ; l'augmentation de la digue de Guilleaume le long de la riviere du Var.

Deliberation.

Sur quoi l'Assemblée a renvoyé les placets ci-dessus mentionnez à Messieurs les Procureurs du Pays, pour faire choix des réparations les plus pressées, & sur tout sur les grandes routes, & avoir égard à celles qui ont été déja deliberées par les precedentes Assemblées. Et à l'égard de la construction de deux ponts, l'un dans le terroir de Cagne sur la route d'Italie, & l'autre sur le chemin de Saint Remy à Orgon, il sera donné des ordres aux Chefs des Vigueries pour les faire construire, attendu que la depense n'excedera pas leur contingent : aprouvant au surplus les dépenses faites par Messieurs les Procureurs du Pays, au sujet des reparations des ponts & chemins pendant le cours de la presente année.

Imposition & acquittement des dettes du Pays.

Le Seigneur Archevêque d'Aix a dit, qu'il est necessaire d'imposer pour tout ce qui a été accordé par cette Assemblée, pour le Don gratuit & autres charges indispensables du Pays ; sur quoi il croit bon de faire remarquer à l'Assemblée, que si elle veut meriter les remises que Sa Majesté a la bonté de lui faire d'une partie du Don gratuit, elle doit s'efforcer pour acquitter une partie des dettes contractées par le pays en des tems difficiles, & pour subvenir à suporter les charges extraordinaires, étant persuadé que rien ne sera plus capable d'attirer & d'augmenter les graces de Sa Majesté, que la bonne administration que l'on fera des deniers du pays, & des dons que le Roy voudra bien nous faire.

Deliberation. Sur quoi l'Assemblée a deliberé qu'il sera imposé & mis fonds de la somme de sept cent liv. pour chaque feu, pour être exigées des Communautez du Pays contribuables à ses charges, aux quatre quartiers de l'année prochaine 1734. dont six cent dix-huit livres seront employées aux charges courantes, & la somme qui procedera des quatre-vingt deux livres du surplus, à l'acquittement d'une partie des sommes dûës par le pays à constitution de rente, & nottammant de celles dont les rentes sont payables à paris ; ensemble tout l'excedent de l'argent de la caisse de quelque nature qu'il soit, avec le montant de la remise qu'il plaira à Sa Majesté de faire sur le don gratuit.

Du 19. dudit mois de Novembre du matin.

LE Seigneur Archevêque d'Aix a dit, que la derniere Assemblée generale ne trouva pas à propos de continuer au Sr Moulinneuf les apointemens qu'elle avoit accoûtumé de lui donner; & néanmoins pour lui marquer la satisfaction qu'elle avoit de ses services, elle delibera de lui accorder une gratification telle que ledit Seigneur Archevêque trouveroit à propos de regler; comme ledit Moulinneuf a continué de travailler pour le Pays pendant le cours de la presente année, ledit Seig^r. Archevêque a trouvé à propos de lui donner cinq cent livres pour ses apointemens, étant à deliberer si l'Assemblée trouvera à propos de lui continuer les mêmes apointemens de cinq cent livres annuellement, tant qu'il travaillera pour les affaires du Pays, & qu'il plaira à pareilles Assemblées.

Le Sieur Moulinneuf Rétablissement sur le pied des apointemens qui seront reglez.

Sur quoi il a été resolu que le Seigneur Archevêque regleroit les apointemens qu'il convient de donner audit Sr Moulinneuf, pendant tout le tems qu'il sera employé pour les affaires du Pays.

Deliberation.

Le Seigneur Archevêque d'Aix a dit, que par le Reglemênt des Etats, il doit être nommé annuellement un Gentilhomme possedant Fief, pour

Députation au Compte du Pays.

aſſiſter de la part de Meſſieurs de la Nobleſſe, au Compte du Pays, & qu'il doit être choiſi du nombre de ceux qui aſſiſtent aux Aſſemblées; étant à celle-ci d'en faire le choix pour le Compte de la preſente année 1733. avec les premiers Conſuls des Communautez, ſuivant le tour de rolle.

Deliberation.

Sur quoi l'Aſſemblée a unanimément choiſi & nommé le Sieur Marc-Antoine d'Arquier, Ecuyer, Sieur de Saint Eſteve & de Suë, premier Conſul & Deputé de la Communauté de Lambeſc, pour aſſiſter au Compte de la preſente année 1733. avec les premiers Conſuls des Communautez de Saint Maximin & Brignolle, qui ſe trouveront en exercice lors de l'ouverture dudit Compte, auquel aſſiſteront auſſi ceux qui ont accoûtumé d'y être par les fonctions de leurs charges, ſuivant le Reglement des Etats.

De la plainte du Sr Conſul de Toulon ſur le droit du Joyeux avenement, pour lequel les particuliers de cette Ville, & ceux des Communautez de Caſtelanne, Graſſe & autres ſont pour-

Ledit Sr Aſſeſſeur a dit qu'il a été preſenté un Placet à l'Aſſemblée par le Conſul de Toulon, par lequel il repreſente que pluſieurs particuliers de cette Ville ont été attaquez par le Prepoſé à la recette des droits du Joyeux avenement, pour la confirmation des Conceſſions faites ſur les Regales, Directes, Cenſives & autres cas; & ils demandent que le Pays leur accorde ſon appui au cas auquel il ſera trouvé que cette demande de la part du du Preposé est une extention à la disposition des Edits, Declarations du Roy, & Arrêts de son Conseil, & que plusieurs Communautez se trouvent dans le même cas, comme celle de Castelanne, Grasse & autres.

suivis à cause des concessions faites sur les Regales,

L'Assemblée a renvoyé la connoissance de ce Placet, & ceux des autres Communautez qui pourroient se trouver dans le même cas, à Messieurs les Procureurs du Pays, pour examiner ce qui ne sera pas au cas des Edits & Declarations de Sa Majesté, concernant le droit de confirmation pour le Joyeux avenement; & audit cas, poursuivre la decharge de cette taxe.

Roquemartine & S. Pierre de Vence.

Contentions entre les possesseurs des fonds de ces deux Terroirs unis sous un même Foüage, au sujet de leur cotisation.

Ledit Sr Assesseur a dit, que la Communauté de Saint Pierre de Vence, qui étoit affoüagée par l'Affoüagement de 1698. un quarantiéme de feu, fut unie à celle de Roquemartine, qui étoit affoüagée demi feu; cependant les proprietaires des fonds de l'heritage de Saint Pierre de Vence s'étant plaints de cette union, par Deliberation de l'année 1717. il fut determiné que l'union subsisteroit, mais que néanmoins les proprietaires de l'heritage de Saint Pierre de Vence ne pourroient être executez que pour le quarantiéme de feu qui leur avoit été imposé lors de l'Affoüagement; depuis ladite Communauté de Roquemartine fut reduite à un sixiéme de feu & un quarantiéme,

& ensuite par le nouvel Affoüagement ces deux lieux ont été affoüagez un quart de feu indistinctement, & les possesseurs des fonds de St. Pierre de Vence ne veulent payer que pour un quarantiéme; les possesseurs des biens de Roquemartine veulent faire suporter à l'autre l'augmentation à proportion de la valeur de son Terroir : sur quoi il n'y auroit que deux partis à prendre, ou de les obliger à faire un Cadastre, ou de faire une regle de proportion, & fixer la cottité du Foüage de St Pierre de Vence.

Deliberation. Sur quoi l'Assemblée a deliberé que la Communauté de St Piere de Vence payeroit pour un trentiéme, & celle de Roquemartine pour un cinquiéme & un soixantiéme de feu, suivant la regle de proportion qui a été faite, sauf à la Communauté de Roquemartine, de faire proceder à la confection d'un Cadastre, dans lequel les fonds de Roquemartine & de St Pierre de Vence seront inserez & estimez en la forme portée par la Declaration du Roy du 9. Juillet 1715.

Imposition.
Repartition. Le Seigneur Archevêque d'Aix a dit, que l'Assemblée ayant deliberé d'imposer la somme de sept cent livres par feu, pour être exigée aux quatre quartiers de l'année prochaine 1734. il est necessaire qu'elle regle aussi en quels desdits quartiers l'exaction en doit être faite, en observant que lesdites impositions soient reparties le plus

également qu'il se pourra, pour en faciliter le payement des particuliers taillables & des Tresoriers des Communautez.

IMPOSITIONS.

Gouverneur.

Sur quoi l'Assemblée a deliberé, que suivant l'imposition faite par les derniers Etats, pour les apointemens de Monseigneur le Gouverneur & l'entretenement de sa Compagnie des Gardes, il sera exigé l'année prochaine 1734. dix-sept liv. par feu aux quatre quartiers de ladite année également.

Lieutenant general pour le Roi.

Pour les apointemens de la Charge de M. le Lieutenant General pour le Roy en ce Pays, & pour ceux de ladite année 1734. il sera exigé six liv. par feu aussi aux quatre quartiers également.

Marechaussée.

Pour ce que le Pays doit contribuer pour la Compagnie du Sr Prevôt des Marêchaux, il sera exigé suivant l'imposition faite par les derniers Etats, cinq livres par feu, aux quatre quartiers de ladite année également.

Gages des Officiers du Pays, Cas inopinez, interêts des heritages occupez par

Pour les gages des Officiers du Pays, frais des Procès, dépenses imprevûës, payement des interêts aux proprietaires des heritages compris dans les Fortifications ou Boulangerie de Toulon, Anti-

les fortifications des Places de Provence & abonnement des Droits ſur les huiles. bes, Seyne & Colmars, nouvel Arcenal des Galeres à Marſeille ; comme auſſi pour l'abonnement des droits ſur les Huiles, il ſera exigé vingt-ſix liv. par feu, auſſi aux quatre quartiers de ladite année également.

Rentes ou Penſions. Pour les rentes ou penſions conſtituées ſur le Pays, à cauſe des ſommes principales par lui empruntées, il ſera levé & exigé cent trente-deux livres par feu ; Sçavoir quarante-quatre liv. quinze ſols au quartier de Janvier, Fevrier & Mars ; trente-deux livres dix ſols à celui d'Avril, May & Juin ; vingt-une livres dix ſols à celui de Juillet, Août & Septembre ; & trente-trois liv. cinq ſols à celui d'Octobre, Novembre & Decembre, le tout de ladite année prochaine.

Compenſation des Tailles. Pour la compenſation des Tailles de Mrs. les Officiers des deux Cours, du Parlement & des Comptes, il ſera exigé, ſuivant l'impoſition faite par les derniers Etats, vingt-cinq ſols par feu au quartier de Novembre de ladite année.

Don gratuit. Pour ſubvenir au payement de la ſomme de ſept cent mille livres accordée au Roy pour le Don gratuit de ladite année prochaine, l'Aſſemblée a impoſé deux cent trente-cinq livres par feu exigibles, ſçavoir, ſoixante-ſept livres au quartier de Janvier, Fevrier & Mars, & cinquante-ſix livres à chacun des trois autres quartiers de la même année.

Vieux Droits.

Pour le payement des trente-cinq mille livres de l'abonnement des droits d'Albergue, Cavalcade & autres vieux droits, il a été imposé douze livres par feu, exigibles aux quatre quartiers de ladite année également.

Commissaire aux saisies réelles & Maîtres des Postes.

Pour payer les deux mille livres des Saisies réelles, & pour l'augmentation des gages des Maîtres des Postes, leur tenant lieu d'indemnité des Tailles, il sera exigé deux livres par feu, au prochain quartier d'Avril, May & Juin.

Depense des troupes, solde & premier tiers de l'habillement de la milice & subsistance des Compagnies de Cadets.

Pour le remboursement de la dépense des Troupes d'Infanterie, Cavalerie & Dragons en route, ou en quartier dans le Pays la presente année; comme aussi pour payer les fastigages & ustenciles des garnisons établies à Toulon, Antibes & autres Villes; de même que la solde, frais d'assemblée, & autres dépenses du Bataillon de Milice de Provence, & la subsistance des Compagnies de Cadets, & le premier tiers de la dépense à faire pour l'habillement des Soldats dudit Bataillon, il a été imposé cent quatorze livres par feu, exigibles aux trois derniers quartiers de lad. année prochaine également.

Ustencile de la Cavalerie.

Pour le payement des ustenciles en argent des Troupes de Cavalerie & Dragons, il a été imposé trente-six livres par feu, exigibles aux quatre quartiers de ladite année également.

Frais du Compte.

Pour les frais de la reddition du Compte du Pays en la Chambre des Comptes, il sera exigé six livres par feu aux quatre quartiers de ladite année prochaine également.

Ponts & Chemins.

Pour la reparation des Ponts & chemins dans le Pays, il sera exigé treize livres par feu, aussi aux quatre quartiers de ladite année prochaine également.

Frais de l'Assemblée.

Pour le payement des fraix de cette Assemblée, il sera levé & exigé douze livres quinze sols par feu, au prochain quartier de Janvier, Fevrier & Mars.

Remboursement d'une partie des sommes dûës à constitution de Rente.

Pour le remboursement d'une partie des sommes dûës par le Pays à constitution de rente, & principalement celles dont les rentes sont payables à Paris, l'Assemblée a imposé quatre-vingt-deux livres par feu, exigibles, sçavoir, vingt liv. cinq sols au quartier de Janvier, Fevrier & Mars, seize livres cinq sols à celui d'Avril, May & Juin, vingt-neuf livres cinq sols à celui de Juillet, Août & Septembre, & seize livres cinq sols à celui d'Octobre, Novembre & Decembre, le tout de la même année.

Toutes lesquelles impositions mentionnées ci-dessus reviennent à ladite somme de sept cent livres par feu, dont l'exaction sera faite par le Sr Gautier Tresorier des Etats, sur le pied de cent soixante-quinze livres pour chacun des quatre quartiers de lad. année prochaine 1734.

Total des Impositions.

Detail des quartiers.

Ledit Sieur Assesseur a dit qu'il n'a plus aucune proposition à faire à l'Assemblée, & a requis la publication du Procès verbal qui en a été dressé, lequel a été lû & publié, l'Assemblée seant, & a remercié ledit Seigneur Premier President & Intendant, au nom de l'Assemblée, des bons offices qu'il a rendu au Pays dans toutes les occasions qui se sont presentées, & particulierement durant la séance de l'Assemblée.

FAIT & publié à Lambesc le 19. Novembre 1733.

De tout ce que dessus il apert dans les Registres du Greffe des Etats de Provence, ausquels Nous soussignez Greffiers, desdits Etats nous raportons.

MORAUD *Greffier*, DEREGINA *Greffier*.

BIBLIOTHEQUE ROYALE
I

TABLE.

A

AFfoüagement. *Plaintes des Communautez recourantes, renvoyées par la precedente Assemblée à un Bureau de Comissaires,* page 16.
Affoüagement. *Le Procès verbal du Bureau de Direction de Janvier 1731. executé, à l'exception du Foüage de sept Communautez, qui se trouve reduit.* 17.
Affoüagement. *Lettres Patentes portant confirmation.* 18.
Antibes. *Creusage de son Port.* 28.

B

Berre. *Reduction de son Foüage.* 18.
Banon. Idem. Ibidem.
Les Sieurs Bermond & Leclerc Chirurgiens Lithotomistes. 23.
Barbentane. *Procès contre les Peres Chartreux de Villeneuve,* 32.

C

Compagnies de Cadets. *Subsistance particuliere,* 10. & 61.

Commerce, 14.
Contention entre les Consuls de Forcalquier & Sisteron en exercice, & ceux qui les avoient precedez, sur la séance au Bureau des Commissaires deputez pour examiner les plaintes des Communautez recourantes de l'Affoüagement, 17.
Chirurgiens Lithotomistes. *Contrat passé avec le Sr Leclerc pour l'operation de la Taille,* 23.
Cassis. Port & Mole. *Augmentation d'ouvrage,* 25.
Controlle des Actes. *Extentions du Sous-Fermier, & Ordonnance qui condamne sa pretention à assujettir à ce droit les Ordonnances de clôture des Comptes des Communautez,* 35.
Chemins. *Pour qu'ils soient en bon état,* 13.
Chemin de l'Aurade, *dont la réparation a été donnée à prix-fait à La Chaux, exposé à sa folle-enchere,* 33.
Chemin d'Aix à Marseille. *Réparations indiquées par le Jugement rendu sur les contestations que le Pays avoit avec Mrs. les Tresoriers Generaux de France,* 47.
Chemins & Ponts, *dont la réparation a été demandée,* 52.
Créance du Pays, sur feu Monsieur le Conseiller de Montvert, 48.
Concessions sur les Regales à Toulon, Castellane & autres. *Droit de Confirmation,* 56.

D

Don gratuit, 5. & 60.
Dettes du Pays. *Acquittement ou remboursement,* 14. 29. 53. & 62.

Députation de Mr de la Garde Procureur du Pays, à l'occasion du passage des Troupes allant en Italie, 27.
Le Sieur de Blair. *Pretention à assujettir les Collocations pour Tailles, au droit de sept & demi pour cent*, 39.
Députation au Compte du Pays, 55.
Droit de Confirmation pour les Concessions sur les Regales, Directes & autres, 56.

F

Fortifications des Places de Provence. *Interêts des heritages occupez à cet effet*, 8. & 59.
Forcalquier. *Arrêt du Conseil, qui casse l'établissement d'un troisiéme Consul*, 34.

G

Graveson. *Réduction de son Foüage*, 18.

I

Interêts des heritages occupez par les fortifications des Places de Provence, 8. & 59.
Indemnité des particuliers de Seyne, dont les fonds avoient été designez pour un fossé, 21.
Intervention aux procès du Sieur Aymar Lieutenant de Forcalquier, contre le Seigneur de Lardiers, 41.
Imprimerie. *Nombre d'Imprimeurs dans Aix*, 50.
Impositions, 33. & 58.

L

Legitimation des Pouvoirs, 41
Lecture des Reglemens, ibidem.
Le Villars. *Réduction de son Foüage*, 18.
La Chaux Entrepreneur du Chemin de l'Aurade, folle-enchere, 33.

M

Milice. *Solde*, 10. & 61.
Milice. *Habillement*. 12. & 61.
Manufactures, 14.
Monsalier. *Réduction de son Foüage*, 18.
Mr de Montvert. *Créance du Pays*, 48.
Le Sr Moulinneuf. *Rétablissement*, 55.

N

Ners & Pichauris. *Réduction de son Foüage*, 19.

P

Particuliers de Seyne, dont les fonds avoient été désignez pour un fossé. Indemnité, 21.
Port & Mole de Cassis. *Augmentation d'ouvrage*, 25.
Pont d'Esparron sur Verdon. *Reconstruction*, 26.
Procès, *ou contestations entre le Pays & Mrs. les Tre-*

ſoriers Generaux de France, 30 & 47.

Procès de la Communauté de Barbentane, & le Pays intervenant, contre les Peres Chartreux de Villeneuve, 32.

Procès, *ou differens entre le Pays & le Sr Tornatory, au ſujet de ſon compte du Sixiéme denier,* 34.

Péage que le Fermier du Domaine fait lever ſur le pont de Buech & de Durance, 40.

Procès du Sr Aymar Lieutenant à Forcalquier, où le Pays intervient, contre le Seig[r] de Lardiers, 41.

Penitens bleux de la Ville d'Aix. *Chapelle dans le Cimetiere des Supliciez,* 43.

Ponts de bois à Conſtruire ſur les Rivieres de Bleoune & d'Aſſe par le Sr de Chauſſegros Ingenieur, 51.

Ponts & Chemins à réparer, 52.

R

Relation des principales affaires, & Deliberation, 16. & 36.

Roquevaire. *Réduction de ſon Foüage,* 18.

Reglement ſur la fourniture & rembourſement des voitures pour le tranſport des Equiapges des Troupes, 21.

Rembourſemens, 29. 53. & 62.

Refuge d'Aix, 49.

Regales. *Droits de confirmation,* 56.

Roquemartine & St Pierre de Vence unis ſous un même Foüage, contention au ſujet de leur cottiſation, 57.

S

S

S. Martin de la Brasque. *Réduction de son Foüage*, 18.

Sixiéme denier. *Procès contre le Sr Tornatory*, 34.

T

Toulon. *Creusage de son Port*, 28.

Tarascon. *Differens chefs de demande, tant pour raison de ses Pallieres, du droit de Franc-fief pour lequel quelques particuliers sont recherchez, du procès que cette Communauté a contre le Sr Croizat, que pour la réparation du chemin de l'Aurade*, 36.

Tailles. *Pretention du Sr de Blair, à assujettir au droit de Sept & demi pour cent les Collocations faites par les Tresoriers*, 39.

V

Voitures pour le transport des Equipages des Troupes. Reglement, 21.

Ustencile *de la Cavalerie & de l'Infanterie*, 44. & 62.

Fin de la Table.

BIBLIOTHEQUE ROYALE

BIBLIOTHEQUE NATIONALE DE FRANCE
3 7531 04426316 9

www.ingramcontent.com/pod-product-compliance
Lightning Source LLC
LaVergne TN
LVHW020437230826
846091LV00004B/1533
9782013686631